LES GRANDEURS DE LA FRANCE

SA GLOIRE PASSÉE ET SON TRIOMPHE A VENIR

réalisés par le seul principe de la monarchie légitime

DÉDIÉ

à M. le Vte d'Arlincourt

PAR

CHARLES STANISLAS DELAHAYE.

> Il viendra un temps que le Roi règnera dans la justice.....
> (*Isaïe, Ch.* XXXII. *v.* 1.

PARIS
CHEZ DENTU, LIBRAIRE
PALAIS-NATIONAL, GALERIE D'ORLÉANS
1850.

LES

GRANDEURS

DE LA FRANCE

SA GLOIRE PASSÉE ET SON TRIOMPHE A VENIR

réalisés par le seul principe de la monarchie légitime

DÉDIÉ

à M. le Vte d'Arlincourt

PAR

CHARLES STANISLAS DELAHAYE.

Il viendra un temps que le Roi règnera
dans la justice....
(*Isaïe, Ch.* XXXII. *v.* 1.

PARIS

CHEZ DENTU, LIBRAIRE

PALAIS-NATIONAL, GALERIE D'ORLÉANS

1850.

À

Monsieur le Vte d'Arlincourt.

MONSIEUR,

Au milieu des circonstances graves où se trouve la patrie, c'est un devoir pour tout Français de travailler à sa défense. Les uns la protège par la force matérielle, les autres cherchent à l'éclairer par la force infiniment plus grande de l'intelligence et des idées. C'est dans les rangs de ces derniers que j'ai désiré entrer pour montrer la vérité à notre pays et combattre les ennemis de la société.

Je vous offre ce faible hommage de mes respects, à vous qui vous êtes montré le digne défenseur des libertés nationales. La patrie, aujourd'hui si abaissée, écoutera tôt ou tard la voix de ceux qui lui parlent le langage de la justice et du bon sens.

Hélas! quand nous la considérons de nos jours,

nous ne reconnaissons plus en elle sa noble fierté ni sa courageuse énergie. Autrefois, quand dans des temps malheureux notre pays fut souillé par la présence de l'étranger (suite inévitable des excès d'un pouvoir révolutionnaire et insensé), tout cœur patriotique devait sans doute gémir ; et cependant la France humiliée et vaincue avait encore assez de force pour conserver un reste glorieux de sa puissonce, tandis qu'aujourd'hui elle a perdu jusqu'à la majesté même de ses malheurs.

Mais les jours de gloire renaîtront pour elle ; et tôt ou tard, par un effort suprême de son génie, elle reprendra sa place à la tête des nations.

Ce doit être là le vœu de tout catholique et l'espérance de tout Français.

Je suis, Monsieur le vicomte, avec le plus profond respect,

Votre très-humble et très-obéissant serviteur,

CH. DELAHAYE.

I.

Introduction.

Quand on considère les révolutions qui se sont constamment succédées dans notre France depuis soixante ans, on est forcé de reconnaître qu'un principe souverain a été violé. En effet, ne sont-ce pas les principes qui, seuls, constituent la force et la prospérité des empires? En vain voudrait-on sans eux établir de solides institutions; elles ne peuvent prospérer, car alors elles n'ont plus de vie et elles périssent comme ces arbres desséchés qui, privés des bienfaits de la nature, languisssent et meurent; en sorte qu'il est facile de voir que tout principe est seul capable de féconder les institutions d'un État. Mais si la France, depuis tant d'années, a passé par d'aussi cruelles épreuves, c'est que Dieu a voulu instruire les rois et les peuples par les plus profonds enseignements; et du moment qu'une nation méconnaît les droits imprescriptibles de la justice, il la frappe et il brise le sceptre des princes illégitimes qui, à la faveur d'une révolte imprévue, s'étaient emparés du pouvoir. Et c'est ce que nous avons vu parmi nous.

Mais au milieu de nos malheurs, il est une vérité qui peut nous consoler, c'est que les révolutions en France ont presque toujours été le gage d'un règne aussi magnifique que glorieux. Notre histoire est là pour le prouver. Et les secousses violentes que nous venons encore de ressentir, sont certainement les signes avant-coureurs d'un avenir heureux qui nous est réservé. Une liberté noble, telle qu'une grande nation doit l'entendre, commence déjà à se montrer sur un horizon radieux; elle avance peu à peu avec ses plendeurs, son front brille par l'éclat de la jeunesse, ses yeux sont remplis d'un feu pur et ardent et ses pieds resplendissent comme l'astre du firmament. Invincible France, frappez des mains, car le nouveau sauveur pacifique et le libérateur bien-aimé viendra relever votre gloire. Oui, il viendra, car la main puissante du Très-Haut le ramènera des extrémités de la terre. Ce grand Dieu le couronnera, et il lui dira : Règne pour le bonheur de mon peuple. Car, qu'y a-t-il qui soit impossible à ce Dieu? N'est-ce pas lui qui renverse les trônes des rois superbes et injustes, et qui relève les princes odieusement persécutés? Tout cède sous sa volonté souveraine, et une fois le règne de l'injustice passé, le droit reprend son légitime empire. Et c'est avec lui seul que les États peuvent prospérer, car en dehors de lui il n'y a point de paix ni de salut.

Mais nous devons considérer que la légitimité peut seule affermir les institutions d'un grand peuple; elle les consacrent en quelque sorte par son caractère auguste et inviolable, et elle leur donne cet éclat qui révèle la grandeur d'une nation. Sans doute, le sujet que je vais traiter est grave, et il l'est d'autant plus, en ce que les circonstances actuelles lui donnent encore un plus grand poids de gravité. Et ici, je le déclaire, je respecte toutes les formes de gouvernement quelles qu'elles soient ; mais il y a au monde un livre que tout homme a le droit de consulter, et dans lequel il doit même s'inspirer, et ce livre, c'est l'histoire.

II.

De la Monarchie.

Et d'abord, remarquons que la légitimité réalise au plus haut degré la gloire des plus illustres monarchies. En effet, qu'elle autre monarchie du monde a jamais égalée la grandeur de celle de la France? Nulle ne peut lui être comparée, car elle est au-dessus de toutes les autres par la majesté de ses institutions. Aussi, de là vient qu'en parlant de la couronne de France, le pape saint Grégroire lui a donné cet incomparable éloge, en disant : « Quelle est autant au-dessus des autres couronnes du monde, que la dignité royale surpasse les fortunes particulières (1). » Et la monarchie française a toujours été d'autant plus grande, en ce que ses princes, fidèles enfants de l'Église, s'en sont montrés les plus ardents protecteurs. Ainsi, qui n'admirera pas la grandeur d'âme d'un Charlemagne, la magnanimité d'un saint Louis et la bonté d'un Henri-le-Grand? Et combien d'autres de nos rois qui ont fait éclater sur le trône les plus nobles vertus? En sorte, que ne voit-on pas que la monarchie française a, comme pour ainsi dire, cet avan-

(1) Lib. v, Epist 6.

tage singulier, celui de rendre illustre au-dessus de tout éloge les qualités de ses princes? En effet, qui pourrait assez louer les actes éminents de nos plus grands rois? Ils surpassent tout ce qu'ont fait de plus célèbre les princes de tous les autres royaumes. Et, si les plus admirables vertus se sont ainsi montrées sur le trône de France, c'est que la légitimité, qui est le lien le plus sublime parmi les souverains, les a perpétuées d'âge en âge et les a marquées du sceau de son caractère sacré. En sorte que nous voyons par l'histoire, que la légitimité a fait l'étonnante grandeur de la France et son incomparable puissance. Et c'est elle encore qui l'a placée au premier rang des nations et qui a mis entre ses mains le sceptre de la prépondérance.

Que si par la suite des temps un peuple s'obscurcit dans sa gloire, c'est qu'égaré par des doctrines subversives et par des passions emportées, il méconnaît le principe de la légitimité. Dès-lors il se livre à celui qui saura mieux contenter ses désirs effrénés, et ébloui par l'appas d'une gloire frivole et d'une grandeur passagère, il se laisse soumettre au joug de l'usurpation. Mais qui ne voit pas combien est hasardeuse la destinée des usurpateurs; ils sont forcés de se maintenir au pouvoir, soit par la violence, soit par le prestige d'un esprit fier et entreprenant. Mais, quelle que soit leur autorité, néanmoins elle finira par être brisée quand un peuple, revenu de ses égarements, ne voudra plus supporter le poids d'une volonté trop impérieuse et d'un pouvoir injuste. Il reconnaîtra alors que ce qu'il avait méconnu peut seul lui rendre le calme et le repos. Il verra que la véritable grandeur ne consiste pas dans les conquêtes, mais bien dans le règne d'une monarchie légitime et dans la prospérité des plus sages institutions. Dès-lors il rappellera le prince qu'une criminelle ambition aura chassé loin de lui, et, rentré sous l'autorité de ce roi aussi grand que magnanime, il retrouvera son antique splendeur et sa noble liberté.

Peuple généreux, puisses-tu comprendre qu'il n'y a de stabilité que dans les principes d'ordre et de légitimité. Hors de là il n'y a qu'incertitude, qu'anarchie, que confusion; et sache bien que tant qu'on n'a pas reconquis ces principes, l'abîme des révolutions ne peut jamais être fermé, car on est toujours en proie à l'agitation, à l'inconstance des évènements et à la fureur des partis. Ajoutez encore que les plus détestables doctrines paraissent de toutes parts pour combattre contre la société; et, dans ces temps de troubles et de divisions où une nation déchire comme pour ainsi dire ses propres entrailles, les audacieux ennemis de l'ordre ne craignent pas de se montrer pour semer partout la discorde et pour parvenir à l'accomplissement de leurs desseins funestes aussi bien qu'insensés; et alors que deviens-tu, peuple naguère si grand et si illustre? Tu erres dans le vague, tu gémis dans la souffrance, et, semblable au troupeau sans berger, tu te perds dans les champs de l'orgueil et dans les plaines de la tyrannie. Brise donc ces liens qui t'ont ravis sitôt ton bonheur et ta liberté; ouvres les yeux sur ce qui a fait autrefois ta gloire, et reviens dans les voies douces et aimables de la justice.

Oui, qu'on le comprenne bien, ce n'est pas en se laissant séduire par de vaines promesses qu'une nation peut remonter au rang qu'elle occupait autrefois, il faut qu'elle rejette loin d'elle ce que d'inconstants esprits lui présentent comme pouvant renouveler sa jeunesse et sa prospérité. Il n'y a rien là de solide, ni de fécond, et encore moins de durable.

Et quels remèdes pourra-t-on apporter aux maux d'un peuple? Mais ne faut-il pas écouter la voix de la justice, car sans elle qu'y a-t-il de stable? Vous ne pouvez jouir de la tranquillité, et cela est-il étonnant, puisque vous avez méconnu le principe d'une autorité légitime; autorité qui seule réalise la force et la dignité des empires, et n'est-ce pas à elle qu'il faut en revenir si vous voulez reconquérir votre antique majesté; en vain voudrez-vous marcher sans elle, vous n'arriverez à rien, vous n'enfanterez aucune grande pensée, vous vivrez dans un abaissement honteux; à peine aurez-vous même la force de considérer la beauté de vos actions passées. Vous n'aurez plus aucune idée de progrès : il sera éteint en vous, et en demeurant dans un tel état vous perdrez jusqu'à la dernière étincelle de votre vie d'intelligence et de fécondité. En vain vous débattrez-vous contre vos ennemis, ils l'emporteront sur vous si vous ne changez de sentiments. Rejetez donc loin de vous les doctrines qui vous aveuglent; craignez les piéges que vos prétendus amis vous tendent sous les fleurs. Regardez leurs promesses comme des paroles trompeuses et ne vous laissez pas subjuguer par une voix bienfaisante, en apparence, mais mortelle en réalité.

Et, à la vue de ces malheurs qui accablent un peuple égaré, qui ne voit pas que la source de tout mal est dans le mépris d'un pouvoir sage et éclairé; revenir à ce pouvoir, rétablir le principe de la légitimité, c'est remonter à la gloire dont on était déchu, c'est reprendre une vie nouvelle, pleine de vigueur et d'espérances. Et cette légitimité communiquera à la monarchie la grandeur, la sagesse, la fermeté et toutes les autres qualités qui constituent la majesté des trônes.

III.

De la Souveraineté.

Et elle servira encore à relever l'éclat de la souveraineté. Elle lui donnera cet ascendant et cette énergie capables de résister aux projets téméraires d'esprits remuants et audacieux. Et, comme la puissance, cette souveraineté révèle sans aucun doute la dignité d'une nation. Elle se rend respectable par ses hautes vertus, et entreprenant ses actes d'après les conseils de la sagesse et les règles de l'équité, elle s'attire l'amour et la vénération de tout un peuple. Et c'est cette même souveraineté qui pendant des siècles entiers, a fait l'honneur et l'élévation de la France. Elle trouvait, dans son origine, c'est-à-dire dans le principe de la légitimité, tout ce qui était capable de la rendre illustre. Toutes ses idées de progrès, de grandeur, de noblesse et de courage lui sont venues de cette source admirable. Aussi, de là vient que la France en étant gouvernée par elle, a exercé sur toutes les nations la souveraineté de la gloire et de la puissance. Certes, un tel empire n'est-il pas mille fois plus préférable que celui des conquêtes ? Que, si cependant je veux considérer la France dans ces temps de lutte où elle était obligée de combattre pour son indépendance, je reconnais encore qu'elle a surpassé en victoires les peuples les plus fameux. Mais d'où vient que, sur les champs de bataille, elle a recueilli tant d'immortels lauriers et d'aussi éclatants triomphes? C'est que, pénétrée des plus grands principes de la monarchie, elle puisait, en quelque sorte, dans ces mêmes principes, une force irrésistible et une invincible intrépidité : oui, rendez témoignage à ce que je dis, ô vous fleuves et collines, qui avez été tant de fois témoins des glorieux exploits de l'incomparable France. Et vous, champs fertiles en actes héroïques, combien de fois n'avez-vous pas vu ses princes partager avec le soldat le danger de la guerre? Ah! c'est que ces rois comprenaient que quand on est élevé pour régner sur la France, il faut à tout prix vaincre ou mourir : vaincre, pour relever sa dignité outragée, et mourir pour montrer à tout l'univers qu'un prince français ne meurt pas sans bravoure.

Voilà ce que notre histoire peut présenter à tous les yeux. En sorte, qu'on reconnaît que la souveraineté des princes a été, dans notre nation, un des plus grands intruments de notre élévation; et c'est la légitimité qui, en premier lieu, a fait la gloire de cette auguste souveraineté. Et une fois qu'elle est parvenue à la plénitude de sa puissance, elle n'a point cherché à s'etendre par les conquêtes, comme le fontsouvent les usurpateurs; mais, contente de ce beau royaume qu'elle dirigeait, elle s'est appliquée à ennoblir nos administrations, et elle leur a donné un éclat que nos yeux aujourd'hui cherchent vainement.

Quoi donc, cette antique splendeur serait-elle perdue pour jamais? A Dieu ne plaise qu'il en soit ainsi. Non, non, la France n'est pas tombée pour ne plus se relever. Car, comme on l'a déjà dit, c'est quand elle est au plus bas, qu'elle remonte jusqu'aux cieux. En sorte, qu'elle trouve, dans ses propres malheurs, un germe secret de renouvellement qui la relève de son état d'humiliation. En effet, l'histoire nous le prouve encore : c'est dans les temps les plus orageux qu'elle puise tout à coup dans son génie un élan merveilleux qui la fait remonter à sa place véritable; et le jour approche où cet élan se manifestera, car Dieu, qui l'aime, ne permettra pas qu'elle soit plus longtemps abaissée. Et telle est sa destinée, qu'il arrivera un moment où elle secouera la poussière des révolutions pour se revêtir de sa robe de magnificence. C'est là son avenir : c'est son droit.

Qu'elle relise dans les siècles écoulés ce qu'elle fut autrefois. Peut-être qu'à la vue de tant de grandeur, elle regrettera le passé et gémira sur le présent ! Mais qu'elle reprenne courage : l'avenir lui appartient. Que renferme-t-il ? Ecoutez.

Il est un cèdre de gloire qui fleurit dans la solitude. Encore quelque temps, et il étendra ses branches fécondes; ses fruits seront des fruits de sagesse; il sera entretenu par la rosée de la justice; il éclatera par les fleurs de son génie et par la beauté de ses feuilles. Une couronne d'amour l'environnera, et le sceptre de l'affection lui soumettra les cœurs. La France aimera à se reposer sous son ombre tutélaire, et elle admirera ses vertus.

Elle verra renaître les plus beaux jours d'une souveraineté magnanime, et les splendeurs du règne d'un Henri le Grand se renouvelleront dans celui de son noble rejeton. Le ciel l'a protégé, et il nous le réserve pour nous l'envoyer dans le temps marqué par les décrets de Dieu. Puisse cet heureux jour n'être pas retardé, car la France a besoin de reprendre son empire de prospérité et son état de puissance.

IV.

Du Gouvernement.

Et cette légitimité qui l'a affermi sur des bases solides, concoure encore à donner au gouvernement d'un Etat la véritable dignité et la science suprême.

Je dis d'abord qu'elle donne à un gouvernement la véritable dignité. En effet, elle lui fait comprendre qu'il ne doit exercer le pouvoir qu'en vue de remédier aux souffrances d'un peuple, sans tenir compte des vaines protestations de certains hommes ambitieux qui veulent tourner à leur profit les maux qu'endure une nation. Et alors sa dignité ne lui permet pas de prêter l'oreille à ces menaces inutiles qui n'ont d'autre but que d'augmenter les misères de la société, mais il doit comprendre que la justice lui impose avant tout le devoir rigoureux de soulager ceux qui sont dans les plus cruelles privations. Et tout gouvernement qui tire sa force du principe même de la légitimité ne faillira pas à ce devoir sacré, car il a reçu d'elle cette dignité qui, pour son honneur aussi bien que pour sa gloire, le porte à relever ce qui était abattu, à ennoblir ce qui était abaissé, et à orner ce qui était souillé. Il fera sentir ses bienfaits à ceux qui gémissaient, et la prospérité du peuple sera le témoignage infaillible de son amour pour lui. Et certes, le gouvernement qui n'agirait pas ainsi compromettrait sa dignité aux yeux d'une nation, et il soulèverait bientôt contre lui la plus juste indignation. Mais cet exemple ne se trouve jamais dans l'histoire de nos grands rois. Au contraire, ils ont relevé la France, et c'est par eux qu'elle a conquis le sceptre de toutes les gloires.

Et leurs gouvernements ont certainement possédé cette science suprême qui est si nécessaire dans la conduite des empires. Aussi de là vient que sous leur illustre administration tout a prospéré. Les institutions, maintenues par le plus beau règne de l'ordre qui fut jamais, se sont élevées à la plus haute puissance d'un progrès mûr et réfléchi. Et ces gouvernements, puisant la sagesse et l'équité dans la souveraine légitimité, ont encore fait briller leur science dans les plus grandes entreprises et dans les décisions les mieux concertées. Leurs lumières empruntaient tout leur éclat à la justice. Elles savaient que ce qu'il y a de plus nécessaire dans l'exercice du pouvoir, c'est de maintenir les droits les plus sacrés et de conserver la plus entière liberté. Sans doute, tout gouvernement doit être libre; mais la science qu'il doit avoir du pouvoir doit lui apprendre à quel usage il doit faire servir sa liberté. Que s'il ne sait pas la faire tourner au bonheur d'un peuple, elle deviendra dans ses mains l'instrument de sa ruine; car, n'en connaissant pas tout le prix, il la laissera se dégénérer en tyrannie. Et alors c'est bien le plus grand malheur qui puisse accabler une nation quand elle tombe dans un tel état.

Mais maintenant tout gouvernement en temps de république pourra-t-il se maintenir dans la véritable voie? D'abord, sous cette forme de pouvoir, il a à lutter contre les efforts des ambitions déchues, qui, se relevant tout à coup de leur défaite imprévue, veulent reconquérir leurs honneurs et leurs dignités. Ensuite, comme une république entraîne toujours après elle des excès d'indépendance et de liberté qui finissent par enfanter les divisions et les discordes, il se trouve forcé de sévir contre cette indépendance et cette liberté, en sorte qu'une nation se trouve moins libre en république qu'en monarchie. Ajoutez encore que tous les divers personnages qui se trouvent en présence et qui aspirent à une liberté sans bornes, pour mieux contenter leurs passions insensées, cherchent sans cesse à l'emporter les uns sur les autres. En sorte que ceux qui veulent fonder une prétendue liberté, sont les premiers destructeurs de toute liberté raisonnable. Et qu'on ne nous dise pas qu'une république pourra remédier à de tels maux : elle est impuissante, car elle ne peut retenir dans de justes limites ceux-là mêmes qui se montrent ses plus dévoués défenseurs, ou alors elle est obligée de se montrer mille fois plus sévère que la monarchie légitime. Et dans un tel état, ne voit-on pas laquelle de ces deux formes de pouvoir est la plus convenable à un peuple qui, par son caractère de légèreté, demande quelque chose de plus stable et de plus solide?

Et s'il choisit la république pour vivre sous une liberté sans règles comme sans frein, ne s'expose-t-il pas à avoir sans cesse des guerres civiles effroyables? L'un voudra une indépendance limitée ; l'autre une indépendance qui laisse cours à toutes les exigences, à tous les caprices, à toutes les passions. Et au milieu de ces combats incessants d'un pouvoir raisonnable d'avec un pouvoir exalté, il est impossible qu'une république puisse établir la paix et encore moins faire prospérer les institutions. Car quels éléments possède-t-elle? quels moyens a-t-elle pour satisfaire tous les intérêts? Elle n'en présente aucun du moment qu'elle ne peut trouver dans son propre fond et la force morale pour calmer les esprits agités, et les véritables bienfaits pour contenter les plus justes désirs. Ajoutez encore que, par sa propre vertu, elle est incapable de produire les plus grandes idées du moment, qu'elle se perd dans un vague infini où elle croit rencontrer le plus haut point de la prospérité humaine. Et, comme par une espèce de fatalité, ce vague se trouve comme intimement lié à elle, en sorte qu'elle ne peut réaliser la grandeur et la tranquillité d'un peuple qui, par son origine comme par ses lois, tient essentiellement à la monarchie.

Et c'est donc cette monarchie qui, par son principe de légitimité, peut raffermir toute société et consolider tout pouvoir. Et la majesté d'un gouvernement ne sera jamais plus grande que quand elle s'élèvera du sein de ce glorieux principe qui a fécondé les institutions du plus grand peuple du monde. Et ce gouvernement comprendra plus que jamais combien les intérêts des peuples sont sacrés, et avec quel soin surtout il doit veiller à leur conservation.

V.

De la Politique.

Et il se rendra encore éminemment illustre par les conseils de sa politique. Sans nul doute, c'est la politique qui révèle l'intelligence d'une grande nation. Elle sert à donner une haute idée de ses lumières et de ses capacités, en même temps qu'elle concoure encore à relever la noblesse de ses actes. Et ici nous voyons combien la politique française a été supérieure à toutes les politiques des autres états du monde. Car elle a été ce foyer fécond d'où s'échappaient les plus grandes idées d'ordre, de progrès et de civilisation. Elle a même étonné le monde entier par la sublimité de ses conceptions et par l'étendue de ses projets. Mais si nulle politique n'a jamais égalé sa grandeur, aucune autre aussi n'a jamais pu atteindre à la hauteur de sa fermeté et à l'éclat de sa prudence. Cette politique de nos grands rois, toujours vigoureuse dans ses actes, toujours puissante dans ses vertus, nous a élevés à la première place de l'univers. Elle a rendu la France forte et courageuse, et, dès-lors, la France a entrevu dans l'avenir la magnificence de ses destinées. Elle a marché noblement, de progrès en progrès, sous l'aile radieuse de la légitimité; et de siècles en siècles, depuis son auguste naissance, elle n'a point cessé d'être la reine de tous les peuples de la terre. Et c'est ici, surtout, que paraît dans toute sa force la politique de la légitimité. Eh quoi! une politique qui, d'âges en âges, a augmenté la puissance d'une nation; qui, par la vigueur de ses sages volontés, a fait fleurir toutes les administrations; qui, par la prévoyance de ses conseils, a écarté tout ce qui pouvait nuire à la dignité et à la susceptibilité d'un peuple: une telle politique n'est-elle pas la plus grande qui puisse exister parmi les hommes? Et dans quelle monarchie cette politique a-t-elle mieux paru, si ce n'est toujours dans la monarchie française? Et par quel principe a-t-elle été fécondée, si ce n'est toujours par le principe de la légitimité? Aussi, comparez les actions de nos princes immortels d'avec celles des usurpateurs; quelques-uns, parmi ces derniers, se sont jetés dans les hasards des conquêtes, et une fois leur carrière subitement terminée, ils ont laissé moins grande en possessions la nation qu'ils avaient voulu agrandir par les victoires d'ambition. Car les peuples, forcément subjugués et conquis, reprenaient, après leur disparition, leurs droits et le territoire qui leur appartenait. Du reste, c'est toujours la destinée des conquérants de s'étendre, tant qu'ils règnent, mais une fois qu'ils ont passés, tout rentre dans son état primitif : et heureux, encore, si la nation qu'ils avaient rendu conquérante, n'en souffre même pas dans ses possessions naturelles.

D'autres, parmi ces usurpateurs, voulant régner au détriment de l'honneur et de la dignité, n'ont point eu d'autre politique que celle de satisfaire toutes les exigences d'esprits ambitieux pour s'attirer leur affection qui, en apparence, paraissait sincère, mais qui, au fond, n'avait rien de solide ni de constant. Et par une telle conduite, ils ont compromis la réputation de tout un peuple, en même temps qu'ils ont, en quelque sorte, éteint parmi ses membres cette étincelle de vie morale qui l'animait, et cette ardeur qui le portait aux plus généreuses actions. Mais que la honte retombe sur ces gouvernements qui, procédant d'une illégitimité, sont incapables de concevoir ce qu'exigent avant tout l'honneur d'une nation et les droits de la justice. Ils ne peuvent comprendre les devoirs de l'équité, puisqu'ils servent une quasi-royauté qui, elle-même, les ignorent. Que, si elle les connait, elle n'a pas, du moins, la force de les pratiquer, et manquant d'énergie comme de vertus, elle demeure stationnaire dans le chemin du progrès et de l'honneur. Et est-ce une telle royauté, qui puisse surtout convenir à une nation comme la France? Non, non; car elle est un génie, et dans ses princes, comme dans ses gouvernements, il lui faut de la noblesse, du désintéressement et de l'élévation dans les qualités du cœur aussi bien que dans l'esprit. Et certes, la légitimité a présenté ces admirables vertus : aussi de là, vient qu'elle a paru grande dans l'harmonie des plus hautes institutions, dans la sagesse des lois les mieux entendues, et dans la majesté de la politique la plus savante. Oui, gloire à ces légitimités qui, comprenant l'honneur de la France, ont maintenu ses droits les plus chers ; et mieux encore que les conquérants, elles se sont illustrées dans les combats que la justice leur faisaient entreprendre. Aussi leurs victoires ne sont-elles point souillées par la tache de l'orgueil et l'empreinte de l'ambition. Et rien n'est comparable à leur politique : car elle a tellement compris les intérets de la France, que, tour-à-tour, elle a manifesté sa prudence, sa force, sa fermeté, sa volonté et son concert le mieux établi qui fût jamais. Et certes, aucune République n'a présenté autant de vigueur dans les œuvres, autant de fécondité dans les conceptions, autant de science dans les rapports avec les puissances de la terre, autant de constance dans les épreuves et autant de ressources même dans les occasions les plus difficiles. Et la France seule, en présentant ses princes à tous les autres peuples, peut se vanter d'avoir eu, pendant des siècles entiers, la plus forte comme la plus sublime des constitutions d'Etat.

Ét c'est ainsi que la politique de la légitimité lui a, comme pour ainsi dire, communiqué cette étonnante impulsion qui l'a élevée au plus haut point de puissance ; aussi ce ne sera qu'en renouant la chaîne de ses traditions, que la France pourra reprendre cet antique pouvoir. Car les souvenirs qu'elle a du passé ne peuvent périr, et ils reviendront sans cesse à sa mémoire pour lui rappeler ce qu'elle fut autrefois et ce qu'elle doit être un jour.

VI.

De la Législation.

Et encore, elle ne peut pas perdre les bienfaits que lui procurèrent ces lois fortes et justes qui établirent ses véritables droits. En sorte, qu'on reconnaît évidemment que la législation la plus illustre et la plus éclairée, a encore été le digne fruit de la légitimité. En effet, nos rois, aussi instruits dans les grandes affaires du gouvernement qu'ils étaient vaillants dans les plus décisifs combats, ont immortalisé leur règne par les réformes les plus salutaires, par les lois les plus utiles. Et sans aucun doute, ce sont les lois qui témoignent de la science des princes et de la sagesse des ministres: c'est par elles qu'on reconnaît l'étendue et l'efficacité de leurs lumières aussi bien que leur amour et leur attachement pour tout ce qu'il y a de grand dans les institutions d'un peuple. Elles montrent à découvert la conduite qu'ils entendent tenir au pouvoir; mais qu'il faut qu'ils soient éminemment éclairés pour ne point blesser, par des lois arbitraires, la liberté d'une nation ou ses plus intimes intérêts! Qu'il faut qu'ils fassent preuve de discernement pour cultiver les plus heureuses dispositions qui peuvent se rencontrer parmi les membres d'une société, et pour séparer de toute participation à la puissance ceux qui veulent arriver à une certaine autorité uniquement pour satisfaire les désirs de leurs plus violentes passions! Qu'il faut qu'ils montrent de pénétration dans les vues pour écarter des affaires les plus extrêmes embarras qui peuvent y surgir tout à coup!

Et la législation de la légitimité a eu toutes ces grandes qualités qui ont fait régner parmi nous avec autant de prudence que de sagesse, ces rois magnanimes et généreux dont la mémoire est éternelle dans nos cœurs reconnaissants. Et leurs lois semblaient se retremper dans une force et dans une vie nouvelles, quand, après la mort du monarque régnant, paraissait son légitime héritier, qui, lui aussi, succédait non pas seulement à son trône et à son sceptre, mais encore à ses vertus et à ses mérites. Et c'est de cette manière que la France a eu les lois les plus nobles qui fussent parmi les lois humaines.

Sans doute, les qualités d'un grand prince ne sont pas héréditaires, mais notre histoire, par un privilége singulier, en présente néanmoins quelques mémorables exemples. Et d'où en vient la cause? Ah! c'est qu'un prince qui naît dans notre France, et qui, dès le ventre de sa mère, a été marqué par la sagesse divine pour régner un jour par l'éclat des plus hautes vertus, sent, comme pour ainsi dire, dès son entrée dans le monde, qu'il renferme en lui de grandes destinées qui renouvelleront la puissance et la jeunesse de la nation. Et au contact des incomparables institutions françaises, il voit que son ardeur et son génie se fortifient en lui de plus en plus. Et ces institutions, de ses illustres ancêtres, exercent sur lui une telle influence, qu'il égale en mérite ses plus fameux modèles. Et quelques années après sa naissance, fût-il même exilé de sa patrie par des évènements imprévus, dont il n'appartient qu'à Dieu seul de sonder le secret ; néanmoins, il suffit que Dieu l'ait marqué d'un caractère particulier, et qu'il soit né sous le soleil de la France, pour qu'il ait le sentiment de ses facultés transcendantes qui ont fait la gloire de ses ancêtres, et qui, lorsqu'il sera monté sur le trône par la main de Dieu, resplendiront en lui. Oui, ce digne rejeton de nos grands rois connaît toute la beauté de nos lois, et dans son amour pour nous, il aspire au moment où Dieu lui permettra de la faire éclater. Hélas ! cette beauté est en ce moment obscurcie : elle est recouverte d'un triste voile, mais qui devra être déchiré au jour du triomphe. Et ce prince qui est réservé pour venir nous donner la paix et le bonheur, porte sur lui le sceau de la grandeur divine et l'empreinte de la majesté de la France.

Ainsi donc la législation française doit toute sa noblesse et sa fécondité à la légitimité. En effet, c'est elle qui l'a dégagée des entraves et des ténèbres que des siècles encore ignorants lui avaient apportées. Et c'est par les lumières de nos plus grands rois qu'elle est parvenue à affermir les bases de notre société, a resserrer les liens de notre union commune dans une même pensée d'ordre et de progrès, et a harmoniser nos institutions. Et jamais l'on a vu une république produire une aussi puissante législation.

Que si Rome a pu en présenter une, du moins comment a-t-elle pu fonctionner ? Il ne lui a pas été donné de remédier aux divisions sanglantes. Et cette législation romaine n'a jamais pu, pendant tout le temps qu'à duré la république, maintenir la concorde et l'union parmi les citoyens. Aussi, a-t-il fallu que Rome, qui avait voulu goûter du régime de la République, s'en défît pour rentrer dans son état naturel et primitif, c'est-à-dire dans la monarchie. Et c'est alors seulement qu'elle recouvra son repos et sa tranquillité, et que ses lois reprirent toute leur autorité. Et qu'on ne nous dise pas que ce qui est arrivé dans la république romaine ne se renouvelle pas dans toutes les républiques ; car, si le caractère, si les mœurs de la nation ne se ressemblent pas, c'est toujours du moins la même forme de gouvernement ; et comme c'est de la forme du pouvoir que découlent toujours les biens ou les maux, de là vient qu'une république ne peut jamais réaliser le bonheur d'une nation dont le naturel penche entièrement du côté de la grandeur et de la solide puissance. Ajoutez encore qu'une république ne possède pas les éléments nécessaires pour maintenir et pour faire prospérer pendant des siècles les plus importantes institutions ; car si, par exemple, elle n'a pas assez de force pour faire respecter et observer les lois ; si, pour faire régner le calme, elle est obligée de recourir à des mesures rigoureuses et exceptionnelles, comment pourrait-elle faire fleurir les institutions d'un peuple qui demande, pour agir, une liberté raisonnable qu'elle ne peut lui accorder sans compromettre sa propre existence ? Puisqu'elle se trouve réduite à employer de telles mesures pour exercer son empire, elle montre bien qu'elle n'a rien de stable et que la rigueur aussi bien que l'oppression sont ses seuls moyens de vie. Mais un tel état de choses peut-il convenir à un peuple qui, par sa nature, se trouve comme le roi de tous les autres peuples ? Et surtout la république peut-elle être son véritable élément, quand il compte des siècles entiers de monarchie ? Cela n'est pas possible, et jamais l'histoire ne présente de tels exemples ; car il en est des nations comme des individus. De même que chaque particulier aime à se trouver dans son état naturel, ainsi chaque nation aime à rester sous l'empire de son pouvoir primitif. Si quelquefois un peuple sort tout à coup de sa vie naturelle, ce ne peut être qu'une épreuve passagère qui le prépare à un renouvellement de vie. Une fois ce temps accompli, la législation, retrouvant son véritable élément, redevient plus forte et plus majestueuse que jamais : elle se ranime sous les purs rayons de la légitimité, et elle communique sa vertu aux plus utiles administrations. Elle prend sous sa protection les intérêts d'autrui ; elle place en un lieu assuré l'épargne du pauvre et de l'orphelin ; elle récompense les actions de vertu et de générosité, et enfin elle rétablit dans tout un état la concorde et la paix.

VII.

De la Liberté.

Et cette noble législation enfantera la plus auguste liberté. Certainement rien n'est plus cher à un peuple qu'une juste liberté ; car elle est en quelque sorte pour lui ce puissant ressort qui lui fait produire les plus grandes actions. Mais qu'il est aisé de la faire tourner en tyrannie quand, dans des temps de troubles, elle tombe entre les mains d'hommes audacieux et impatients ? Mais, qu'on le sache bien, la liberté est tout aussi contraire aux révolutions que le jour est opposé à la nuit. Ceux qui, profitant des évènements, parviennent au pouvoir sous le prétexte d'accorder une liberté pleine et entière, deviennent les premiers auteurs de sa ruine par leurs doctrines subversives aussi bien qu'impies, par leurs mesures arbitraires aussi bien qu'injustes. Mais ils savent tellement captiver le peuple trop crédule, qu'il se laisse prendre par leurs fausses promesses et par leurs espérances, aussi trompeuses que futiles.

D'où vient donc que le peuple se laisse ainsi séduire par leurs vaines paroles? Le grand Bossuet nous en donne la raison. C'est que, quand une fois on a trouvé le moyen de prendre la multitude par l'appât de la liberté, elle suit en aveugle, pourvu qu'elle en entende seulement le nom (1). C'est ce qui arrive presque toujours dans les révolutions où des hommes ambitieux veulent renverser une monarchie pour parvenir à la souveraine puissance. Loin d'améliorer la position de la société ébranlée, ils ne font qu'augmenter ses souffrances et ses maux, et la plus complète stagnation des affaires témoigne hautement de leur ignorance dans la conduite du gouvernement. Comment pourrait-il en être autrement, puisqu'ils se montrent les plus ardents défenseurs de la tyrannie et les ennemis les plus déclarés de toute liberté raisonnable. Dans de telles circonstances, c'est bien en vain que l'on chante : *Liberté ! liberté chérie !* Hélas ! elle n'est plus ; car les hommes les plus criminels et les plus pervers l'ont audacieusement foulée aux pieds. Appelez-la donc, cette liberté : elle ne vous répondra pas. Pauvre peuple, tu as cru saisir le sceptre de la liberté, et tu n'as pris que le poignard de la tyrannie ; mais ce n'a été là que le commencement de tes maux, car il a fallu que ce glaive meurtrier s'enfonçât dans ton sein : fatal résultat de ta méprise, suite inévitable de ton erreur.

(1) Oraison funèbre de la Reine d'Angleterre.

Où maintenant trouveras-tu la liberté? Elle s'est enfuie. Egarée qu'elle était, elle a porté ses pas dans les champs de l'orgueil, et là le char redoutable de l'oppression l'a atteinte et l'a enchaînée dans ses fers homicides et cruels. Tu l'as vue gémissante et éplorée, peuple naguère si grand et si illustre! Elle s'est présentée devant toi; mais encore, fatalement aveuglé, tu as répudié ta mère. Ah! puisses-tu ouvrir les yeux, et puisse ta main abattue redevenir triomphante! Ramène dans la véritable voie le char brillant de la liberté, et alors seulement tu pourras chanter avec enthousiasme: *Liberté, liberté chérie!*

Et nous savons par d'immortels récits que la légitimité a toujours été la sœur bien-aimée de la véritable liberté. Ce sont deux nobles amies qui ont fait la grandeur de notre chère patrie. De même que deux cèdres attirent notre admiration, ainsi ces deux filles du ciel attirent notre amour et notre respect. Mais lorsqu'elles disparaissent du milieu d'une nation, c'est que Dieu veut exercer sa divine justice, et qu'il châtie le peuple de ses crimes.

Mais pour vous qui saluez les révolutions, et qui voulez parvenir à tout prix à l'autorité suprême: quels sont donc vos moyens pour gouverner avec fruit! Mais c'est l'ambition qui vous guide, qui vous transporte, et, flattant le peuple par de feintes caresses, vous n'avez point d'autre but que de satisfaire votre cupidité et votre orgueil. En agissant ainsi, quel fruit espérez-vous donc tirer de votre gouvernement? Et comment pourriez-vous en faire ressortir quelques avantages, puisque vous n'êtes capables de rien? Ou plutôt vous êtes capables non pas d'élever, mais de détruire. Est-ce ainsi que vous prétendez conduire une nation? Mais vous ne connaissez donc pas les devoirs que toute puissance doit remplir. Et d'ailleurs, si vous êtes si aptes à gouverner, montrez donc vos œuvres. Où sont-elles? qu'ont-elles produit? Mais il n'est pas nécessaire qu'on les examine; car, depuis long-temps, on vous a jugés : aussi êtes-vous tombés du pouvoir avec autant de facilité que vous vous y étiez élevés. Telle est la chute qui est toujours réservée à ces prétendus réformateurs qui, loin d'organiser, ne font que jeter le désordre dans les administrations. Laissez-vous prendre ensuite par leurs doctrines, qui sont aussi contraires à la religion qu'à la société. Mais, pour réaliser leurs actes, ils se couvrent du beau nom de liberté. Laissez cette liberté : elle ne vous connaît pas; vous la souillez par vos indignes actions. En vain vous servez-vous de son nom; vous ne pouvez échapper à la réprobation des hommes sensés. Nouveaux Marius, disparaissez, car la société gémit sous votre tyrannie. Ne la voyez-vous pas chancelante sur ses bases? lui porterez-vous une main secourable? chercherez-vous à guérir les profondes blessures que vous lui avez faites? La retiendrez-vons sur le bord de l'abîme? Mais, que dis-je! si vous osiez la précipiter dans le gouffre, ne lèveriez-vous pas sur elle une main criminelle? ne lui lanceriez-vous pas le dernier trait pour la faire expirer dans les supplices? Loin de la plaindre, n'applaudissez-vous pas à ses malheurs? Quoi! elle est en péril, et vous vous flattez d'être les auteurs des dangers qu'elle court; vous contemplez avec une joie cruelle votre exécrable ouvrage. Mais rentrez dans votre obscurité, et la société, délivrée de votre pouvoir, se sauvera par le dernier effort de son génie.

Oui, espérons dans l'avenir : car le règne des impies et des ambitieux ne peut durer longtemps. Dieu qui permet les révolutions, fait succéder les jours de bonheur aux jours d'orages et de tempêtes. Il relie lui-même de sa main puissante les admirables liens de la légitimité et de la liberté. Il fait que ces deux sœurs qui s'étaient un moment séparées par le choc d'une violente secousse, se réunissent et se tiennent étroitement unies par l'amitié, l'amour et la concorde. Il leur donne la sagesse, et elles marchent dans une route resplendissante où chacun de leurs pas sont autant de bienfaits.

VIII.

De la Légitimité.

Mais entrons dans de profondes considérations, et montrons que la monarchie aussi bien que la légitimité ont toujours été les principes qui ont présidés ou à la naissance des empires ou à la transformation des sociétés.

En effet, quelque haut qu'on puisse remonter dans les histoires, on y voit toujours cette pensée suprême de la souveraineté qui préside aux premiers actes de tous les peuples. Et de même que, dans les profondeurs incommensurables des cieux, tout est soumis à la puissance de l'Être divin, ainsi dans les institutions de la terre tout est soumis à un pouvoir souverain exercé par les rois. Et, dès l'origine des plus grands royaumes, nous voyons s'établir la puissance du gouvernement, le pouvoir de l'autorité. Et cette manière de procéder ainsi à la fondation des empires a toujours été la seule vraie, la seule souverainement efficace. Et ne semble-t-il pas que les hommes ont voulu faire parmi eux ce qui existe tout naturellement par rapport à Dieu : c'est-à-dire que, comme ils ont toujours été sous la dépendance de Dieu, ainsi ils ont voulu pour que l'ordre se maintînt dans leurs États vivre sous une autorité représentée par les rois et les gouvernements. Et nous voyons que c'est par les monarchies que les plus grands empires se sont développés ; tant il est vrai de dire qu'il faut une souveraineté à laquelle se rattache tout les éléments d'un État. Et qu'on ne dise pas que la monarchie ne peut rien pour les peuples ; ce peut être-là le langage des insensés et des ambitieux, mais ce ne sera jamais celui de la raison et de la logique.

Or donc, la raison aussi bien que la logique nous représentent la monarchie comme la forme de gouvernement la plus convenable au plus grand nombre des peuples. Et comme le caractère des rois a par lui-même quelque chose de sacré, de là vient que chez les nations éclairées on a voulu rehausser encore ce que ce caractère avait de sacré en donnant la couronne aux princes au nom de la divinité et de la religion ; de là est venu le sacre des rois : cérémonie imposante et sublime qui doit leur apprendre qu'ils ne tiennent le sceptre que de Dieu, et qu'ils doivent faire servir leur puissance au bien du monde. Telle est l'origine de la légitimité.

Et c'est cette légitimité qui a fait la grandeur des plus illustres nations de la terre. Mais considérons bien plutôt à quelle puissance elle a amené la France.

Nulle nation n'a jamais égalé la France dans ses pensées de progrès, dans ses idées de liberté, dans ses projets d'organisation, dans ses vues de sagesse.

Seule elle est la plus haute expression de la dignité d'un peuple et la plus noble représentation de la majesté. La légitimité a été pour elle sa source de grandeur et la cause première de la liberté de ses peuples. Toujours elle a su répondre à la noblesse des sentiments de ses grands rois. Car, comme elle a le génie le plus perçant et le plus élevé qu'il y ait dans le monde, elle s'élève toujours à la hauteur des plus sublimes pensées, pourvu qu'elle soit secondée par une profonde intelligence. Toujours elle n'attend qu'un grand prince lui donne cet essor pour surpasser l'attente des autres nations. Et une fois que cet élan lui est donné, rien ne peut plus la retenir dans sa marche féconde : aucun obstacle ne peut plus l'arrêter, et il n'est plus ni d'idées tellement grandes, ni de pensées tellement relevées auxquelles elles ne parvienne ; mais au contraire elle embrasse tout dans sa rapide et merveilleuse intelligence, et rien d'humain ne peut plus être au-dessus d'elle. Son génie, semblable à une flamme brillante, purifie tout ce qui peut y avoir de souillé dans ses institutions. Et alors elle apparaît aux yeux de la terre étonnée comme la France de la gloire, de la puissance et de la majesté. Elle éclipse tous les royaumes comme la splendeur du roi du jour éclipse les astres du firmament. Mais quand elle est parvenue à ce point étonnant de grandeur et de prospérité, c'est qu'une légitimité éclairée est venue rallumer ses feux amortis et relever sa gloire obscurcie.

IX.

Des bienfaits de la Légitimité.

France généreuse et magnanime, vous recouvrerez votre ancienne magnificence. Le Dieu qui, du plus haut des cieux gouverne tous les empires, vous rendra votre antique prospérité. Il vous humilie, mais sachez adorer sa main suprême, qui ne vous châtie que pour vous élever d'avantage: jamais votre souvenir ne s'est effacé devant lui. Mais n'oubliez pas, fille aînée de l'Eglise, que vous devez toujours être dévouée à sa religion sainte ; car, sans elle, il n'y a point de repos ni de salut pour les peuples. Vous ne pouvez pas oublier que c'est elle qui a fait la gloire de votre monarchie, et qui vous a élevée au-dessus de toutes les nations : elle a sacré dans votre sein la royauté, et jamais le sceptre de vos princes n'a paru plus beau que lorsqu'ils se sont montrés les défenseurs de l'Eglise.

Ainsi donc, la légitimité a non-seulement rendu florissante notre illustre patrie, mais c'est encore elle qui a fait prospérer toutes ses institutions : elle a étendu ses soins sur toutes les branches de notre industrie. Ainsi, les sciences, les arts, le commerce, l'agriculture, tout est devenu l'objet de ses études ; aussi de là vient que notre industrie, dans bien des parties, l'emporte sur ce que peuvent nous présenter tous les autres peuples. Nos rois les plus illustres, qui connaissaient combien l'industrie est nécessaire et utiledans un Etat, n'ont jamais manqué les occasions qui se présentaient pour l'encourager et la soutenir. Et alors le courageux laboureur traçait avec plaisir dans ses champs féconds ses larges sillons ; alors l'ouvrier des villes reprenait avec joie son courage journalier ; alors le peintre composait les plus magnifiques tableaux et développait ainsi son talent sous le règne des rois, justes appréciateurs des mérites ; alors encore l'écrivain se ranimait et trouvait d'heureuses inspirations.

En sorte que l'histoire nous prouve que la légitimité a toujours été la source de toutes les richesses nationales. Elle a placé nos institutions sur des bases solides, en même temps qu'elle a connu aussi la vraie science de la plus haute politique. Elle a su voir en quoi consistait la véritable liberté, et elle l'a généreusement accordée à la nation qui était si digne de la posséder. Elle a compris les devoirs sacrés du gouvernement, et jamais nos rois immortels qui se sont plus illustrés par leurs vertus, plutôt que par leur puissance, n'ont manqué aux obligations du souverain pouvoir. Car ces grands princes ont toujours vu que la ligne de leur conduite leur était tracée dans la vertu et dans la justice ; et toutes les fois qu'on veut s'écarter des lois que prescrivent l'ordre et l'équité, il n'est plus alors de gouvernement possible : et c'est dans de telles conjonctures que se manifestent les révolutions qui brisent quelquefois en un instant des trônes affermis. Mais nos princes, dont l'histoire vante à si juste titre les actions, étaient trop éclairés pour tomber dans de telles fautes. Ils ont fait briller leur sagesse dans le gouvernement ; ils ont manifesté leur prévoyance dans la conduite des affaires, leur justice dans les actions les plus délicates, et leurs lumières dans les plus hautes entreprises. Et certainement le prince qui a su le mieux faire preuve d'équité dans l'exercice de la souveraine puissance ; qui a su, suivant les rencontres, ménager ses moyens d'action ; qui, tout en usant du pouvoir, a su le faire tourner à l'avantage de sa propre cause et de celle de ses peuples ; qui, en concourant à l'établissement des lois, a su se soumettre le premier à leur autori ; qui, enfin, a su agir dans toutes les circonstances avec autant de prudence que de fermeté, a trouvé le plus puissant moyen de régner avec fruit, et peut se vanter d'avoir donné à son royaume la plus forte comme la plus durable des constitutions. Et notre histoire présente de ces admirables exemples ; en sorte que nous devons reconnaître que la légitimité, parmi nous, a réalisé la gloire de notre prospérité publique.

X.

Réflexions.

Et maintenant, parceque notre majesté a perdu son éclat, faut-il désespérer de ne pouvoir jamais nous relever ? Et le bonheur et la paix seraient-ils à jamais bannis de la terre de France ? Non, non ; reprenez courage, ô France ! car celui qui vous a donné un grand nom ne vous abandonnera pas. Vous fleurirez comme les palmiers de Cadès, vous vous multiplierez comme les branches fécondes des cèdres du Liban ; vous répandrez en tous lieux les parfums de vos vertus comme les fleurs répandent autour d'elles leurs agréables odeurs. Vous deviendrez la colline de la gloire, la montagne de la richesse. Vous vous dépouillerez de vos vêtements de deuil, et, semblable à la fille de la Grandeur, vous paraîtrez revêtue de vos ornements de joie.

Oui (il viendra un temps que le roi règnera dans la justice). Il sera (comme un refuge pour mettre à couvert du vent et une retraite contre la tempête. Il sera ce que sont les ruisseaux dans une terre altérée, et ce qu'est l'ombre d'une roche avancée dans une terre brûlée du soleil) (1). Ses vertus seront comme un fleuve majestueux; son équité brillera comme une plante sur le bord enchanté des eaux claires et limpides, et sa sagesse, semblable à un rocher, sera ferme, inébranlable. La fille de Sion se réjouira, et la France rajeunie paraîtra pleine de force et de puissance.

Elle se ressouviendra des hautes vertus que la légitimité a fait briller dans son sein. Elle se rappellera les pompes de la splendeur aussi bien que les triomphes de la justice. Et qu'avons-nous pour espérer le retour de ces heureux temps? Nous avons un nom illustre qui rappelle les plus glorieux souvenirs. Henri de France! issu de la plus noble race de nos rois, est l'espérance de notre patrie. Ses vertus, ses mérites nous assurent de son avenir. Il sera l'ornement de l'Europe et la félicité de la terre. Représentant pur et fidèle de la légitimité, il renouera les chaînes de nos antiques traditions et renouvellera les beaux jours de notre grandeur. Car à lui seul est donné la clef pour fermer l'abîme des révolutions,

Oui, le temps arrive où l'ignorance et l'ambition vaincues s'évanouiront, et alors la sagesse retrouvera le pouvoir, l'équité la puissance, la vertu la grandeur, et la France humiliée recouvrera la force, l'énergie, la prospérité.

---

(1) Isaïe, ch. XXII, v° 1, 2.

TABLE.

FIN.

Paris.—Impr. J.-B. GROS, rue du Foin-Saint-Jacques, 18.

PARIS. — IMPRIMERIE DE J.-B. GROS,
Rue du Foin-Saint-Jacques, 18.

www.ingramcontent.com/pod-product-compliance
Ingram Content Group UK Ltd.
Pitfield, Milton Keynes, MK11 3LW, UK
UKHW020949220726
13924UKWH00002B/588

9 782019 243517